D1725683

Peter Wettstein   Spuure

Peter Wettstein

S P U U R E

Grymts und Ungrymts
i der Sprooch vom Zürioberland

Buchverlag der Druckerei Wetzikon AG

Skizzen «Rund um den Pfäffikersee»
von Walter Abry

ISBN 3-85981-143-6

© Copyright 1987
beim Buchverlag der Druckerei Wetzikon AG
CH-8620 Wetzikon ZH
Satz, Lithos und Druck: Druckerei Wetzikon AG
Einband: Buchbinderei Burkhardt, Mönchaltorf

Für mini Eltere

Womer waas findt

Für de Gwunder

Wäär chunt doo?
Was isch daas für äine?
Äine, wo syni Hut z Määrt träit,
wo säit, was anderi tänked,
Äiges und Frömds püschelet
zumene Strüüssli.
Mee nüüd.
Mer chas aaluege,
cha draa schmöcke
und sich fröiie.
Mer chas uf d Site stelle.
Mached mit, was er wänd.

Rezäpt

Lis nuu: Uf s Mool
verschtoosch du mich.
Lis nomool,
dänn verschtoosch du diich.

D Mueterschprooch

Vo der Mueter, vo dihäime
töönts in öisne Woorte noo.
Ghöörsch s vertrouti Klinge näime,
wird der s Häärz grad schnäller schloo.

S isch es Hämpfli Häimetäärde,
wänn du wotsch i d Frömdi zie.
Chasch deet hundert Joor alt wäärde,
d Mueterschprooch vergissisch nie.

S Töösstaal

Äng
seig öises Pirg,
säit mer,
stotzig und verschtellt
wien en alti Grümpelchamere.
Und deby isch es
hell und suuber,
wien e Puureschtube
am Sundigmorge.

Äige
seig öise Schlaag,
säit mer,
chratzbüürschtig und wild,
wien es Mäitli
vo tuusig Wuche.
Und deby simer
waarmhäärzig und offe
wien e Frau mit vierzgi.

Sprööd
seig öisi Sprooch,
säit mer,
müesam und troche
wien e stäinigs Ächerli.
Und deby isch si
bluemig und frisch
wien e Höiwise
im Morgetau.

Wies e so goot

S grootet nüd alls woni wett.
S chunt nüd immer wies sett.
Wänns tumm mues goo,
wirds au tumm choo.

S grootet nie alls,
und s fäält nie alls.
Aber s macht mer Muet,
z dänken, alls seigi für öpis guet.

Fasch hett mi de Draache vertwütscht

Am Tüüfebach oben a Baume lyt e Hööli, s Hagheere-
loch. D Saag prichtet, deet drin heb en Draache en
groosse Schatz ghüetet. Hüt füert en schööne Wander-
wääg vom Hööchschtock obenabe draa verby. Vor
bald dryssg Joor händ aber nu wenig Lüt vo dere
Hööli gwüsst und si chöne finde. Äine vo dene isch de
Paul Bossert gsy, wo mänge Summer zäme mit synere
Frau d Feriekolony im Schindlet gläitet hät. Als Semi-
narischt han ene die Chindegschaar ghulfe gaume.
Mäischtens sind au iri äigne Chind deby gsy; di gröös-
seren öpen i mim Alter. Hilfsläiter hät mer öis gsäit,
vilicht will mer mängmool no sälber Hilf pruucht
händ. I däm Summer, won ich devoo prichte, bin i mit
em Fridolin zäme gsy.

Jedes Joor am zwäite Kolonysamschtig simer mit
de Chind is Hagheereloch. Ame Samschtig, wills i
dere Hööli nass und leemig isch und d Chind noch-
häär denoo uusgsee händ. Chind und Chläider sind
amig am Nomitaag i d Wuchewösch choo.

Natüürli hämer ene vorhäär d Saag vom Draache
verzellt. De Chlynere hät das füürig Unghüür no
fascht echli Angscht gmacht. Das bringt is uf en Idee:
Mer chöntid emool häimli go Draache spile. Öpen
eme voorluute Luusbueb wüürd en rächte Schrecke
gaar nüüt schade. Mer wüssed au notmänd wies aagat-
tige: Wills chuurz vor em eerschten Augschten isch,
chömer z Baumen une Füürwärch chaufe: Vulkään,
Goldrääge, Fröschen und Lufthüüler.

Am Samschtigmorge tüemer deglyche, wie wämer müestid in Stärnebäärg go poschte. D Chind sellid jo nüüt merke. Öisi Ruckseck falled nüd uuf, und mir zwee verschwinded Richtig Muschterplatz. Dää Voorschprung loot is ämel gnueg Zit für öisi Voorberäitige.

Im Hagheereloch zünded mer Taschelampen aa, das mer nüd grad d Chöpf a der nidere Tili aaschlönd. Im Hööliweierli lyt oordli vil Wasser. Das chunt is komood, will s Seeli öisere Füürzauber spieglet. Z hinderscht, wo d Hööli no en chlyne Boge macht, das mer der Ygang nüme gseet, richted mer öis y. S isch so äng, das mer nu chönd huure. Lang stillschtoo töörfed mer nüüd, susch blybed d Schue im Leem stecke. Vor öis boued mer s Füürwärch uuf; en Halbchräis vo Vulkään, Gold- und Silberrääge. D Lufthüüler und d Frösche wämer nach em Aazünde äifach i d Hööli userüere.

Chuum simer färtig, ghööred mer Chindeschtimme: Si chömed. De Paul hät defüür gsoorget, das di Chlynere d Naase nüd z vorderscht händ und e paar Prelaaggi als Aafüerer beschtimmt. Langsam taschteds sich de Wand noe hindere, äis Chind hinderem andere. Wämer us em Liecht chunt, gseet mer gaar nüd rächt, wos duregoot. Mer lönds bis uf öpen acht Meeter härechoo, dänn zündet jede sin Täil vom Füürwärch aa. Ganzi Füürgaarbe schüüssed i d Hööli use, s chlöpft und hüület wie wänn alles wett zämegheie. Mer verschreckt sälber über dä Füürschturm i däm änge Loch.

Was gisch was häsch und chridebläich stüürchlet d Voorhuet zur Hööli uus. Ires Göisse macht dene dusse no fasch mee Angscht als s Füür und de Läärme i der Hööli. Di Chlynere hebed si ämel fescht a de Begläiter. Kän Zwyfel: De Draachen isch vertwached und spöizt Füür.

Däm «Draachen» isch es underdesse aber gaar nüme wool. I öiserem änge Chämmerli entwicklet sich e gfüürchigi Hitz und en ticke Qualm bysst i den Auge. Miir hocked zwüschet em Füür und de Felse wien e Muus i de Falle. De giftig Rauch verschloot is de Schnuuf; in e paar Augeblick wäärid mer verschtickt. «Use», rüef i, packe de Fridolin am Aarm, und fascht uf allne Viere chrüüched mer dur die Wand vo füürige Gold- und Silberschtäärne. Nu furt, usen us däm Rauch. Mer haschted fasch blind fürsi, hueschted, bis mer us em Loch use sind. Dur d Chind duur as Bächli go Händ und Bäi chüele. Die sind böös verbrännt. Es hät is beede tötterlet. Aber mer händ nomool Gfell ghaa; mer töörf nüd draa tänke, was hett chöne passiere. Es Mäiteli säit: «Gäll, ietz hett di de Draache fasch vertwütscht.» Und ich bimer oordeli toochtig voorchoo.

I d Hööli ine hät bi däm Rauch niemer me chöne. Eerscht zwee Taag spööter hämers gwooget, d Ruckseck und d Taschelampe z hole und d Reschte von öisere Tummhäit uufzruume.

Vertroue

Mer troued em nüüd, em Noochber.
Mer troued em nüüd, em Fride.
Mer troued e käim Verschpräche.
Mer troued öis sälber nüüd.

Hoffnig

Ich han es Böimli gsetzt,
es Stückli Hoffnig,
das au für mini Chind
die Wält no blüet.

Vergässli

Han öpis gwüsst.
Ietz han is vergässe.
Und gly wäiss i nüme,
das is nüme wäiss.

Vo Hand

Wännt mit de Hände schaffsch,
so blybt de Chopf dir frei.
Sell niemer säge,
son en Aarbet seigi gäischtloos.
Es chömed mir deby Gedanke,
won am Schrybtisch nüd entschtönd.

Vom Verbüte

Sell mer amene Chind oder besser gsäit emene Halb-
wüchsigen öpis verbüte? Über daas gönd d Mäinige
oordli usenand. «Mache loo», säged di äinten Eltere,
«si selled sälber leere, was ene guet tuet». «Wie gly
chas es Ungfell gää, und miir händ d Verantwoortig»,
weered sich anderi.

Ich ha mi bsune, wie dänn daas bin öis gsy isch.
Wämer öpen amene Samschtigoobig no händ welle
furt; an es Fäscht, uf de Tanz oder is Kino. «Was
wotsch au deet? Mer mues nüd bi allem deby sy», häts
dänn ghäisse. Oder: «Das duu a settigem Fröid häsch.»
Doo han i scho gmärkt, was es gschlage hät.

D Mueter hät au chöne tütlicher wäärde: «S isch
mer glych, wännt nüd goosch», oder «ich bin nüd höö,
wännt dihäime blybsch», isch ire Spruch gsy. Und d
Froog: «Isch daas ietz wüürkli nöötig?» hät äim aa-
ghalte, sich nomool z bsine.

«Si chönds glaub scho ooni diich mache», und
«iich gieng nüüd, wänn i diich wäär», hämer no alli
Wääg offe gloo. Wänns aber ghäisse hät: «S wäär
gschyder, giengsch nüüd», oder sogaar «s wäär mer
scho rächt, wännt nüd giengsch», ha mi müesen uf
gröössere Widerschtand gfasst mache.

Mängmool hät de Vater gsäit: «Ich wett di dänn deet
nüd aaträffe.» Das isch scho fascht en Befeel gsy, nüd
wit vom: «Du blybsch doo und demit baschta.» Doo
hät alles Müede nüüt gnützt. «Underschtoo di und
gang», häts töönt, und ich ha gwüsst, doo gits käi Bire.

Gschadt häts mer nüüd, wänn i emool dihäim plibe bin, und en Schatz han i glych gfunde. Aber s tunkt mi luschtig, was für en Uuswaal öisi Sprooch fürs Verbüte paraat hät.

Mitenand rede

Wänn s Muul redt, so ghöör di.
Wänn s Häärz redt, verschtoo di,
und loosch mi lo gschpüüre,
cha di begryfe.

Sicher isch sicher

Wänn de Maa is Holz goot,
am stäile Poort Böim schloot,
so säit si Frau:
«Gäll heb der Soorg.»

Will aber feschtschtoot,
das es glych mängmool lätz goot,
so säit si au:
«Und bhüet di Gott.»

Was mer tänkt, und was mer säit

Was mer tänkt:
Ha di gäärn.
Merksch es nüüd?
Mag di guet.
Gschpüürsch mers aa?
Find di schöön.
Chasch es gsee?
Bisch en Schatz.
Wäisch du daas?
Säg ders nüüd.
Ghöörsch es glych?

Was mer säit:
«Wotsch no en Kafi?»

En aarmi Sach

Käi Gält im Sack,
käi Holz im Schopf,
und chuum es Glüesli i der Äsche.
e proches Häärz,
en tumme Chopf,
und d Hoor nüd gschträälet und nüd gwäsche.
Soo truurig müed,
soo läär und chalt,
di ganzi Wält isch wie zum Gäine.
S isch alles glych,
s isch alles halt
en aarmi Sach, so wüürd i mäine.

Es Fäscht

Lönd der Alltaag Alltaag sy,
und vergässed d Breschte.
Laden all zum Fyren y,
fröi mi a de Geschte.

Ässe, trinke, was mer maag,
gmüetli schwätze, lache,
und sich für de moorndrig Taag,
no käi Soorge mache.

Also schänked numen y,
choschts was well, vom beschte.
Lueg wie funklet root de Wy.
Lönd mer joo käi Reschte.

Wüürdid mer nu s Läbe mee
a de Fröide mässe.
Au di schööne Site gsee,
und de Rescht vergässe.

Stoossed Fründ mit Fröiden aa,
s hät no käine groue.
Wer nüd richtig fyre chaa,
däm isch gaar nüt z troue.

Räägewätter

Au en Räägetaag isch schöön:
Uf em Tach wie Haarfetöön,
und im Chänel ghöör is ruusche,
gluggse, plöiderle sogaar,
wien e groossi Chindegschaar.

Lose gäärn es Wyli zue.
S chunt e häimeligi Rue
us dem Pletscheren und Tropfe.
Rääge ladt zum Tröimen y,
loot mi wool und zfride sy.

Summer

D Luft flimmeret über de Fälder,
d Sune blybt stoo über em roote Moon.
Si läit e schwääri Hitz uf d Äärde,
wo d Chörner uusryfet
und s Strau rööschet.
Uf der lääre Strooss lyts wie Wasser
über em wäiche Teer,
wo zwüschet de Zäiien ueblooteret,
e Faata Morgaana.
Kän Vogel pfyft, käs Müüsli raschlet
dur d Gaarbe.
Puur und Hund mached es Nückerli
im chüele Tänn.
Für en Momänt stoot d Zit still,
und du gschpüürsch de Fride,
won uf der Wält chönt sy.

Chrähaane

Nu no wenig känned das Woort, wo i myre Buebezit e sonen maagische Klang ghaa hät. De Chrähaane isch de fäschtlichi Höepunkt vom Summer, fasch wie de Samichlaus oder sogaar d Wienecht im Winter. Gfyret wird er a däm Taag, womer di letschte Gaarben i d Schüür bringt.

E häissi und e strängi Zit goot demit z Änd und daas au für d Chind. Si händ jo früener au ire Täil a d Äärn müese läischte: Gaarbebändli sortiere und noeträäge, bim Puppe d Mittelgaarb hebe (das d Chäärnen und s Strau händ chöne tröchne, hät mer immer föif Gaarben anenand uufgschtellt und mit ere sächste zueteckt), dänn die Gaarbe wider usenand nää und i d Räie legge, d Ross füere oder ene wenigschtens d Brääme vertrybe; churz, es grüttlets Määss Aarbet. Und aagnääm isch es nüd immer gsy: D Stopple händ i d Bäi gschtoche, und grad bi der Gäärschte isch mer vo dene fyne Grannehoor bissen und kratzet woorde.

Do isch es verschtäntli, das jung und alt s Ändi vo dere Ploog, aber au d Fröid a der yproochte rychen Äärn gfyret händ. E langi Räägezit, e groossi Tröchni oder es Hagelwätter händ jo alles chöne znüüte mache. Begryfli, das mänge Huusvater bim Yfaare vom letschte Wagen uufgschnuufet hät.

Und z Oobig dänn ebe de Chrähaane: Zeerscht s Nachtässe mit der tradizionelle Götterschpys: Himbeeri oder Santehansebeeri mit Wanilsoose und Löffelbisquy in ere Platte laagewys ygfüllt. No hüt lauft mer s Wasser im Muul zäme, wänn i draa tänke.

Dänn isch di ganz Familie uf de Pfäffikersee go schifflifaare. En waarme Summeroobig, de Sunnenundergang und s langsami Ytunkle sind uf em See jo am schöönschte. Mängmool lüüchted s Vrenelisgäärtli und de Tödifirn no lang ufs tunkli Land abe. Oder de Moo ziet no e silberigi Stroos hinderem Schiffli häär. Wäär doo under em Stäärnehimmel nüd still und eerfürchtig wird, däm isch nüd z hälfe.

Aber de Chrähaane hät öis Chind no en wytere Höepunkt proocht: In e Wirtschaft gon en Cup ässe. Mer sind mit Glasse susch nüd verwönt woorde. Aber a dem Oobig händ sich alli öisi Wünsch erfüllt. Käis Wunder, das mer tüüf i der Nacht überglückli under Tecki gschloffe sind.

Hüt faart de Määdröscher über d Fälder, und in e paar Stund isch di ganz Äärn verby. Er nimmt de Puure vill schwääri Aarbet aab, und das isch guet. Aber das es ietz au käin Chrähaane me git, säb tunkt mi schaad.

En Schatte

Wie mir isch, chan iich nüd säge,
cha nüd säge, was mi truckt.
S isch en Schatten uf mi gläge,
ha mi dry gschickt und mi puckt.

Mängmool isch mis Häärz so gschpässig,
chnüpft us tunklem Gaarn es Netz.
Wirden ab mir sälber hässig.
Frööge mi: Was häsch dänn jetz?

Chas nüd säge, mich nüd gschwäige,
mues es Wyli truurig sy.
D Sunne chunt dänn vom eläige,
s isch no jedesmool so gsy.

Andersch sy

Hüt gfall mer nüüd, so wien i by,
wett lieber soo wien ander sy.
So sicher, gschyd und imposant,
so gweerig und so figelant.
So gsund, so frööli oder rych,
halt äifach nüd esoo wien iich.

Vergiss deby, das, was i wett,
au sini Schattesite hett.
Das s Glück demit nüd pachtet wäär,
und s Büürdeli prezys so schwäär.

Ich merk jo, s goot den andre glych.
Isch mügli? Die benyded miich.
Und mäined, soo wäärs dänn z verlide.
Drum bin i wider mit mer zfride.

Wänn i d Woort hett

Ich wetti d Woort haa und wetti d Sprooch haa,
zum chöne säge, wies mer zmuet isch:
Wänn i häi chumen amene Wintertaag und s Chämi
uf em bräite Tach scharf abgränzt vor em Oobighim-
mel stoot; en tunkle Fläck und wie zwäi Auge drin de
Himmel. Der alti Nussbaum stoot denäbet mit sim
fyne Ggescht, grad wien en Schääreschnitt uf füüri-
gem Grund. D Nacht hät no nüd ganz Mäischter
möge, aber s Liecht im Fäischter ladt mi y: Chumm
häi, chumm ine.

Ich wetti d Woort haa und wetti d Sprooch haa,
zum chöne säge, wies mer zmuet isch:
Wänn i zmitzt im Pass ine stoo im groosse Choor und
s Halleluja aagschtimmt wird am Schluss vom Kon-
zärt. Trumpeete schmättered, und ich gschpüüre Phau-
keschlääg bis is Häärz. Doo tschuderets mer de Rug-
gen aab und trybt mer s Wasser i d Auge. Wie vo wit
häär chum i, wänns nach em letschte mächtigen Ak-
kord stille wird, wien us eren andere Wält.

Ich wetti d Woort haa und wetti d Sprooch haa,
zum chöne säge, wies mer zmuet isch:
Wänn i nach emen Uufstyg dur d Nacht bim eerschte
Sunneschtraal uf em Gipfel stoo; d Schy an Füesse und
e langi Abfaart vor mer. Wie mit äim Schlaag lyt de
ganzi Hang im glitzerige Liecht. Fasch röits mi, e
Spuur i di frischi Schneetecki z zäichne, aber nur en
Augeblick. Wien e Doole, wo sich mit offne Flügel

falle loot, stooss ich ab, und loosglööst vo der Äärde-
schwääri loon ich e witi Wällelinie hinder mer zrugg.

Wänn i d Woort hett, wie wäärs mer ächt zmuet?

Mängmool

Mängmool isch mer ums verrode nüd drum.
Mängmool chum ich druus und stell mi glych tumm.
Mängmool find ich überhaupt kän Witz glatt.
Mängmool han ich au de beschti Fründ satt.

Mängmool stinkts mer halt, de Lieb z sy.
Mängmool lueg ich zläid ganz taub dry.
Mängmool fluech ich luut und schletze Tüür.
Mängmool schäm ich mich au nüd defüür.

Mängmool lauf ich nüd in öieren alte Spuure.
Mängmool han ich mit em Äärmschte käi Beduure.
Mängmool cha mir äifach alles gschtole wäärde.
Aber s goot verby, wien alls uf dären Äärde.

S schlächt Gwüsse

Häärzchlopfe,
scho bim Vertwache.
Angscht,
du wäisch nüd vor waas.
S plooget di öpis.
Gedanke chräised
immer ums glych:
S isch nüd rächt gsy.
Wetsch es trüle
bis s wider stimmt.
Suechsch en Uusreed
und wäisch, si isch faltsch.
Wetsch es gschwäige,
s schlächt Gwüsse.
Gschyder isch,
du machsch no guet,
was t chasch.

S Stäibrunneholz

Zu Grossvaters Zite hät mer no vill uf em Fäld oder im Holz usse Znüüni und Zvieri gässe. Hüt chamer vo den abglägne Ächer gschwind mit em Traktoor häifaare, wämer überhaupt no Zvieri isst. Doozmool sind mäischtens d Ochsen aagschpannt woorde, und die händ sich nüd lo spränge. Nu di gröössere Puure sind mit eme Ross gfaare und natüürli d Traguuner.

Seigs wies well. Amene schööne Herbschttaag händ de Robert und s Gritli Runkle putzt uf em Acher i der Waldliechtig. D Sunne hät no oordli Chraft ghaa für Mitti Oktoober, ämel öisne Puurelüt machts waarm. So sinds zum Zvieri an Waldrand übere gsässe und händ sich de Späck und s Broot lo schmöcke. S Gritli säit, so zwüschet zwee Biss ine, uf äimool: «S wäär scho schöön, doo uf em Äigne z hocke.» De Robert lachet: «Würdsch ämel nüd wäicher hocke, wänns diir ghöörti.» Er hät scho gwüsst, das sini besser Helfti a dem Blätz Wald näbet em Acher de Naare gfrässe hät. «Es Stuck Holz möchtid mer no verlide», git si zrugg, «und e so nääch und gäbig gläge gits es chuum susch.» De Robert hät sich nüd witer druf ygloo. Er nimmt no en Schluck us der Chorbfläsche und stoot uuf. Doo mues s Gritli halt au zämeruume und de Znüünichoorb under di grooss Buech stelle.

Glaubed aber nüüd, de Robert heb de Wunsch vo sim Schatz äifach chaltschnöizig abtoo. Nänäi, doo hettid er en schlächt kännt. Bi der näächschte Glägehäit wott er luege, was sich mache loot. Aber es sell en Überraschig wäärde.

Die Glägehäit ergit sich dänn no gly. S isch en Abschtimmig gsy, und d Manne sind nach em Stimme i der Chroone zämegsässe. As Fraueschtimmrächt hät mer doo nonig emool tänkt. De Robert chas täichsle, das ers näbet de Schaaggi präicht. Nach e paar Woort zum Wätter und em Stand vo de Kultuuren isch er tiräkt uf s Zyl loosgange: «Schaaggi», säit er und hebet de Röömer Roote fescht i der schwilige Hand, «ich ha di scho lang welle frööge. Würdsch mer dis Holz im Stäibrunne für en guete Prys überloo? Es lyt zmitzt i mym ine und stoosst oben an Acher i der Liechtig. Für diich isch es doch au zimli abgläge.» Und wo de Schaaggi nur echli mit em Chopf hin- und häärbambelet und e käi Myne verziet: «Was mäinsch, chönts en Handel gää?» Die Froog wird mit eme Chopfschüttle beantwoortet: «Wäisch, ich verchauf nüd gäärn es Stuck vom Gwäärb. Es ghöört halt alles zäme. Aber wänn i jee wuurd draatänke z verchaufe, wuurd ders säge.»

Der eerscht Aalauf isch also nüd groote. Aber nüd noeloo günnt. De Robert hät em Schaaggi käi Rue gloo und isch immer wider uf das Holz z rede choo: Am Uschtemer Määrt binere fäine Brootwurscht, bim Milchzaaltaag, jo sogaar a der Sunndigschuelwienacht vo de Chind. S isch nu guet, das s Gritli nüüt gmärkt hät. Si het allwääg gschtuunet über d Wienachtsgedanke vo irem Allerliebschte. Dää hät sich äifach in Chopf gsetzt, dä Wald em Gritli uf en Hoochsigtaag oder Gebuurtstaag z schänke. Drum isch em so draa gläge gsy, de Schaaggi umezbringe. Er hät em au en schööne Batze gschpienzlet. Wie vill het er der Frau

ämel chuum getrout z säge. Doo, amene Früeligstaag,
wo de Schaaggi es vertleents Wärchzüüg umebringt,
fangt dää sälber vo dem Handel aa: «Los Robert, ich
mues der öpis säge. Es sett aber nochli under öis blybe.
S Holz im Stäibrunne isch mer zwoor nüd fäil, das
wäisch jo. De Gwäärb isch chly gnueg. Aber min
Junge hät kä Fröid am Puure, und ich mag je länger je
weniger. Mer wäärded au nüd jünger. Drum hani im
Sinn, de ganz Betryb z verchauffe. Chasch jo dänn am
nöie Bsitzer umemüede wäg dim Holz.» De Robert
isch ganz baff gsy. Das het er zletscht erwaartet. Er
frööget: «Häsch scho en Chöiffer?» «Nänäi, ich has au
no niemerem gsäit weder diir. Aber es wird sich scho
äine finde», mäint de Schaaggi.

Das hät em Robert ietz scho en ticke Striich dur d
Rächnig gää. Was sell er mache? Das Holz lo faare? I
sim Oberschtübli isch uf äimool en Gedanken uuf-
plitzt. Er hät si aber chuum getrout, en uufchoo z loo
und z Änd z dänke: Er chönt emänd em Schaaggi sin
Gwäärb chauffe mitsamt em Holz. Oder äigetli s Holz
mitsamt em Gwäärb. Aber wa sell er mache mit eme
zwäite Gwäärb? Und wohäär s Gält nää und nüd
stääle? E settig Gedanke sind em Robert i de
näächschte Tage fasch ständig dur de Chopf. Woor-
schyndli hät er dewäge au urüebiger gschlooffe weder
susch. Und dänn hät er en Idee ghaa, wien ers chönnt
aagattige. Das git grad e toppleti Fröid: Wie wird s
Gritli Auge mache, wänn sis vernimmt. Und em
Schaaggi gscheets ebe rächt, worum mues dää e so
ghebig tue mit sim Holz.

Ietz losed nuu: Woner «per Zuefall» sim Brüeder, em Alfreed, über de Wääg lauft, frööget er en so näbetie: «Häsch ghöört, de Schaaggi wott höre puure und de Gwäärb verchauffe.» «Wird nüd sy», säit der Alfreed, und äis Woort git s ander, bis s äinig sind, mitenand em Schaaggi es Chaufaagebott z mache. E sonen Handel goot am beschte, wänn nonig vill devoo wüssed. Je mee Intressännte, um so hööcher de Prys. Das händ öisi zwee Puure scho gwüsst, si sind näbetie au nochli als Veehändler täätig gsy.

De Schaaggi hät zwoor echli gschpässig glueget, wo der Alfreed und de Robert erschine sind und sin Gwäärb händ welle chauffe. Apropo: Mit was für eren Uusreed die zwee im bessere Gwand vo dihäime furt choo sind, wäiss ich nüüd. Jedefalls händ d Fraue nüüt gmärkt. Und de Schaaggi isch Wittlig und drum niemertem Rächeschaft schuldig. Item, de Handel isch dänn ämel abgschlossen und ganz sicher au no begosse woorde. De Robert und der Alfreed sind in Bsitz vome schööne Gwäärb choo, mit Huus, Schüür, Fäld und Wald, fasch vierzg Jute grooss. Und iri Fraue, wo doch suscht e so gmärkig sind, händ e käi Aanig ghaa.

Das isch aber nu der eerscht Täil vom Handel gsy. Bevor nämli uf em Notariaat de Chauf gfärtiget woorden isch, händ di beede Brüedere under der Hand das Häimet parzällewys de Noochberen und Aaschtöösser aapotte. Si sind also nu Zwüschehändler gsy. Öb daas em Schaaggi passt hät, wäiss i nüüd. Aber mänge Chlypuur isch froo gsy, das er e dääwääg sis Güetli hät chöne vergröössere. Soo hät das Verchauffe kä Müe gmacht, und si händ glööst, was s em Schaaggi schuldig gsy sind. Di gröösser Kunscht isch es welewääg gsy, daas alles vor em Gritli z verbäärge. De Robert het si e paarmool fasch vertschnäpft.

Für der Alfreed händ bi dem Handel e paar Aare Wisland useglueget. Und für de Robert? S Stäibrunneholz natüürli. Uf daas hät ers schliessli abgsee ghaa. Er het aber nüd uf de näächschti Hoochsig- oder Gebuurtstaag chöne waarte, bis ers sim Gritli verzellt hät. Doo wäärid die Landchöiff eebig uuschoo.

Bim näächschte Zvieri am Waldrand obe frööget er (er hät si mäini au rächt chöne verschtelle): «Wie tunkts di doo zum Hocke?» S Gritli isch gaar nüd druuschoo: «Was mäinsch, wie sells mi tunke?» «He, so uf em Äigne z hocke mues doch schöön sy», git de Robert zrugg und chas Lache scho fasch nüme verbysse. Em Gritli schwaanet öpis, und si frööget uglöibig: «Wirsch es doch nüd öppe kauft haa, ooni miir devoo z säge?» «Prezys», mäint de Robert, «und s hät mi nüd emool öpis koscht.» «Wotsch mi für de Naare haa? S isch doch nüd eerschten April», säit si und wäiss nüüd, sell si taub sy oder lache. Aber iir chönd öi tänke, das si käi Rue gää hät, bis ere de Robert di ganzi Gschicht bychtet. Am Schluss chunt er en Chuss über, und si mäint: «Ietz wäiss i gaar nüüd, was mi mee fröit: Öises Stäibrunneholz oder das duu mir daas z lieb too häsch. Beedes sind Gschänk, won i nie wird vergässe.»

Begryfli, das es säbmool e langi Zvieripause woorden isch.

E behinderets Chind

Di läären Auge wänd min Blick nüd fange,
und s ganzi Gsicht git mir es Räätsel uuf.
Zwäi Bäindli, z schwach, das s nu zum Stoo chönt lange.
Es häisers Röchle ghöörsch bi jedem Schnuuf.

«Das aarmi Tröpfli», ghöör ich öpe säge,
«es wäär em sicher wööler, s wäär nüd doo.
Und tänk die Aarbet, wo das git zum Pfläge.
Worum hät mer au daas nüd stäärbe loo?»

So gaar nüüt lieplichs loot sich doo entdecke.
D Hut isch ganz rifig bis is rooti Hoor.
E zaarters Gmüet chönt richtig draab verschrecke,
wer wäiss, emänd chunts äim im Traum no voor.

S isch woor, es wott sich öpis in öis weere.
Vom Luege chasch das Läbe nüd verschtoo.
Wäisch, s Gäärnhaa loot sich nüd mit Luege leere.
Du häsch es drum no nie i d Äärm ie gnoo.

Zum zwänzgischte Gebuurtstaag

Heb, mis Chind, doch hüt käi Chummer,
isch au d Jugedzit verby.
S Läbe hät no mänge Summer,
wo du drin chasch frööli sy.

D Zuekumft loot sich nüd ersoorge,
öisi Ängscht, die nützed nüüt.
Was der blüet isch öis verboorge,
lyt nüd i de Händ von Lüüt.

Läid *und* Fröid gits uf der Äärde.
Wirsch din Täil vo bäidem haa.
Glaub nu, das d chasch glückli wäärde,
lueg, ich glaube mit dir draa.

Glück und Unglück

Wänn e jungs Päärli zämefindt,
und für s ganz Läbe sich verbindt,
so cha das Glück wien Unglück sy.
Si märkeds dänn eersch hinedry.

E Chranket, won öis stille läit,
es Lide, womer mit sich träit:
Öbs Unglück oder Glück well sy,
das wüssed mer eersch hinedry.

Au wänn en Aarbet abverheit,
e Färieräis is Wasser gheit:
Dass Unglück *oder* Glück chan sy,
das zäiget sich eersch hinedry.

Spuure

Hyn und häär,
chrüz und quäär,
uf em Schnee:
Spuure

Fuchs und Haas und deet es Ree,
Vogelchralle chann i gsee.
Wott ich däne Spuure noo,
mues ich Spuure hinderloo.
Cha nüd häimli furt und druus,
nüd verschlüüfe wien e Muus.

Hyn und häär,
chrüz und quäär,
dur mi Seel:
Spuure

Sovil Ydrück träg ich mit.
Tüüfi Gläis us dunkler Zit.
Trämp, won i nüd wäiss wohäär,
die verwüsched bsunders schwäär.
Aber d Fröideschpuure gönd
übers ie bis s Mäischter mönd.

Hyn und häär,
chrüz und quäär,
i der Wält:
Spuure

Cha nüd immer nooelaufe
ooni mini Seel z verchaufe.
Mues au äigni Spuure zie,
quäär über di andren ie.
Mache Ränk und gsee de Sinn
eersch wänn ich as Zyl choo bin.

Hyn und häär,
chrüz und quäär,
wien es Netz:
Spuure

Elter wäärde

Mi Gufere hät Eggen aab
und Blätz uf allne Site.
Ich glycheren als alte Chnaab.
Worum au d Rümpf beschtrite?
Doch chümberen ich mich nüd draab,
ha glych no schööni Zite.
Au s Alteren isch e Gottesgaab,
wär gschyd isch, leerts bezite.

Läbeswandel

Eersch wänns tunkel wird,
bruuchsch e Latäärne.
Wännt de Wääg nüd gseesch,
fröögsch nach em Liecht.

Eersch wännt Hunger häsch,
leersch s Broot rächt schetze.
Wänn de Lyb versäit,
tänksch a di Seel.

Eersch wännt nüme magsch,
luegsch, wär der hälfi.
Wänn der Zit verflüügt,
suechsch d Eebigkäit.

Was blybt?

Bin em Bächli noegloffe
über Stock und über Stäi.
Bin dur d Stuude duregschloffe
überen an Beeriräi.

Aber d Beeri sind verschwunde.
Tunkli Tanne stönd ietz doo.
Ha käs Stüüdeli me gfunde.
Wo sind alli härechoo?

S goot mer öpedie im Läbe
au mit anderem esoo:
Geschtrigs z suechen isch vergäbe,
s hät kä Spuure hinderloo.

Nu d Erinnerig chas schänke,
das i d Beeri gsee vor mir.
Han uf äimool müese tänke:
Und was blybt emool vo dir?

Uf em Fridhoof

I lange Räie, Stäi a Stäi,
e letschti Spuur uf dären Äärde.
Bi froo, das i nüd doo dihäi,
und wäiss, es wird mer ämool wäärde.

Es füert käin Wääg do draa verby,
und s wird nüd gfrööget: Chunts der gläge?
Es Graab wird s letschti Plätzli sy.
Öb mer paraat sind? Wär chas säge?

Sprüch vo geschter und hüt

D Manne sind starch, und d Fraue träägeds.

Wär käi Zit hät,
hät au käi Fründ.

Wännt i der Noot nüd bätisch, muesch höische.

Gäärn haa isch mee
als sich troue.

Au wäär wit lauft, nimmt siich immer mit.

Wänns di tüpft,
muesch stillhebe.

Mer sind alli en Spiegel, s fröögt si nu vo waas.

Wär alles hät,
bruucht no vil.

Mit Schübel i den Ooren isch guet lüüge.

Erfaarig cha nütze
wie schade.

Liebi isch es Gschänk und bruucht käi Quittig.

Wies alli mached,
macheds nie alli.

D Chind wäärded scho wie miir, nur echli spööter.

E guets Woort
chan es Läbe verändere.

Dur e starchi Brülle sind au chlyni Soorge grooss.

Di leschtige Begläiter
sind di aahänglichschte.

Au wär d Schue abputzt, bringt mängmool Dräck ine.

Solang s räägnet,
haglets nüüd.

Alt wäärded mer alli, aber nüd alli glych gschwind.

Bis nu zfride,
dänn sinds di andren au.

Maa und Frau

Ich bin en Maa,
tänk wien en Maa
tue wien en Maa

Du bisch e Frau,
tänksch wien e Frau,
tuesch wien e Frau.

Es chönt jo sy,
das mir öis drum
so guet verschtönd.

Der Underschyd

Huusfrau
und Karriääremaa
luegsch als sälbverschtäntli aa.

Huusmaa
und Karriäärefrau
tunkt is gschpässig, findsch nüd au?

Fascht e Liebeserchläärig

Chann immer uf dich zelle,
öbs graad goot oder chrumm.
Und häsch du öpis selle,
so isch der au grad drum.

Wäisch, dini gueti Luune,
die steckt mich äifach aa.
Wännt wüsstisch, wüürdisch stuune,
wien ich das bruuche chaa.

Ich säg vo Häärze tanke.
Bi froo um diich und wie.
Und gschpüür dich in Gedanke
am glyche Säili zie.

Gärn haa

Heb mi.
Loo mi.
Heb mi gäärn.
Loo mi sy.
Loo mi sy, soo wien i bii.
Gäärn haa ghäisst i d Äärm ie nää.
Gäärn haa ghäisst au Freihäit gää.
Ghäisst der ander läbe loo,
schnuufe loo,
loosloo.

S Paradys

Wie glückli simer hüt, mir zwäi.
Es dämmeret, mer sind eläi
in öisem kuschelige Näscht,
und fyred doo es Liebesfäscht.

A dini rundi, wäichi Bruscht
truck ich min Chopf voll Läbesluscht.
Bin ganz umfangen und geboorge,
liecht wien en Vogel, ooni Soorge.

Gschpüür uf mim Rugge zäärtlich waarm
di fyn Berüerig vo dim Aarm.
Ich suech din Schooss mit myre Hand,
mer dränged näächer zunenand.
So nääch als Mänsche nu chönd sy,
ich bi ganz dy, du bisch ganz my.
Wien en Vulkaan stygts in öis ue,
e waarmi Wälle teckt öis zue.

Es git käs Woort für son es Gschee.
Hämer in Himmel ine gsee?
Mer tauched langsam wider uuf,
s Häärz wird is ruig und de Schnuuf.
Ganz nääch vor mir dis liebi Gsicht,
voll Fride, volle Zueversicht.
Und d Nacht sinkt abe, klaar und lys
uf öises irdisch Paradys.

Strit

Wien es Pingpongbälleli
flüüged d Wöörter hyn und häär,
so schaarf und hool.
Zruggää, immer zruggää
bis käis me chunt.
S Bälleli lyt im Netz
und mir händ öis nüüt me z säge,
nüd emool öpis wüeschts.

Trännig

Noodisnoo
schlychsch devoo.
S Häärz hät schoo
Abschtand gnoo.
Gschpüür di goo,
chas nüd verschtoo.
Ich blyb doo,
wott di loo
und wääri froo,
würdsch esoo
umechoo.
Noodisnoo.

Uf Pfaarersuechi

Imene stattlichen Oberländerdoorf gits zoobig spoot no Betryb im Löie: D Chilepflääger chömed nach ere Sitzig zume Schoppen an Stammtisch. Die Frauen und Manne händ d Chöpf glaub nochli a der Sitzig, wo über d Waal vome nöie Pfaarer gredt woorden isch. Ämel isch daas ietz s Theemaa i däre Rundi. Wo all mit eme Gütterli oder eme Glaas z trinke versee sind, säit de jung Presidänt zu sim Wisawy: «Walter, du bisch doch scho lang i der Pflääg und häsch scho mee als äin Pfaarer ghulfe sueche. Verzell emol, ich ha ghöört, da seig amig allerhand gloffe.» «Joo, säb chamer säge», git de Walter zrugg, en rundliche Maa i de füfzge mit luschtigen Auge hinder em Nasevelo. «Jo verzell», stupft en sini Noochberi, «das nääm mi au wunder.»

«Guet, wänn er wänd», schmunzlet de Walter, lää-net echli zrugg und fangt aa: «Di elteren under öi händ no de Pfaarer Müller kännt, de Voorgänger vom Pfaa-rer Baachme. Won er d Altersgränzen erräicht hät, ischs bim allgemäine Pfaarermangel nüd liecht gsy, en Noochfolger zfinde. Und dänn eerscht äine, wos allne hät chöne. En guete Prediger hämer welle, aber au nüd z fromm; äine wo d Chinderleerchind im Zügel hät und mit den Alten öpen es Gschpässli macht. Natüürli hämer au e tüchtigi Pfarrfrau erwaartet, won im Mis-sionsveräin oder i der Sundigschuel en Uufgoob über-nimmt.

Mer händ jo au öpis z büte ghaa: S grooss Pfarr-huus mit em schööne Gaarte, gsundi Finanze, wo scho e paar nöii Ideee vom Pfaarer händ möge verträäge,

und di nöi Mittelschuel z Wetzike für d Pfaarerschind.
Ich bin i d Pfarrwaalkommission gwellt woorden, und
mer händ beroote, wie mers wellid aagattige, das d
Gmäind bald zume nöie Seelsoorger chöm. Uusschry-
ben im Amtsblatt nützt woorschyndli nüüt. Nänäi,
doo gits anderi Wääg. I der Kommission sind e paar
alti Füchs i Sache Pfaarersuechi gsässe und händ d Fä-
den i d Hand gnoo. S wichtigscht Wärchzüüg sind für
dää Zwäck Pfarrkaländer vo de verschidene Kantöön.
Deet stoot nämli dine, wie lang das en Pfaarer scho i
sinere Gmäind täätig isch. Und mer säit jo, d Seelsoor-
ger settid so all zää Joor d Stell wächsle. Also suechd
mer emool die use, wo acht bis nüün Joor sässhaft gsy
sind. Under däne häts au e paar mit Familie, wo also
öises grooss Pfarrhuus schetzed. Und wänn d Chind
langsam is Mittelschuelalter chömed, um so besser.

Natüürli suechd mer zeerscht ime Kantoon, wo d
Bsoldige echli chlyner sind als im Zürioberland. E
dääwääg chömed mer zunere Lyschte vo mügliche
Kandidaate, ooni das die en Aanig vo irem Glück het-
tid. Für de näächschti Schritt bruuched mer schochli
mee Diplomaty. Mer frööged echli ume, wäär Be-
kannti oder Verwandti i der Gmäind vom Uuser-
wäälte heb. Mer bruucht nämli Vertroueslüt, won äim
chönd zueverlääsigi Uuskümft über de Pfaarer und
sini Familie gää. Aber ebe: Vertroueslüt womer si
druuf cha verloo. Es sind jo au scho Pfäärer ewägg-
grüemt woorde, nu demit mers loos isch. Da ghäissts
also uufpasse.

Die Verbindigsmanne oder -fraue händ öis au
prichtet, wänn und woo der aanigsloosi Kandidaat

predigi. Daas stoot jo mäischtens am Fritig i der Lo-kaalzitig. Do hämer no Zit ghaa, e Faart zu dere Chile z organisiere.

«Wie gsäit», faart de Walter nach emene chreftige Schluck witer, «mer händ über daas beschtens Bschäid gwüsst und drum gly mit den Augeschy chönen aa-fange. Soo bin i emool inere Gruppe vo zwoo Frauen und drei Mannen is Baselpiet abegfaare. Es isch en prächtige Summertaag gsy, und d Chriesböim ums Doorf ume sind graglet voll ghanget. De Presidänt hät is gnaui Aawysige gää: Vor allem töörfed er nüd uuf-falle. En eerschten Ydruck überchoo und wänn dää guet isch, de Pfaarer chuurz aaschpräche und es Träffen abmache. Und händ es Aug uf d Konkuränz, hät er no gsäit. Miir sind jo nüd eläi schlau gsy, und anderi Gmäinde händ prezys glych gsuecht.

Also nüd uuffalle. Mer händs Auto vor em Doorf ussen abgschtellt, händ is uuftäilt und sind uf verschi-dene Wääge der Chile zuegloffe. He jo, mer cha nüd es Auto mit Zürinummere vor d Chile stelle. Do märkt en Blinde, was loos isch. Aber so föif frömdi Gsichter in ere Doorfchile blybed au nüd verboorge, das chönd er öi tänke. Wänn e Taufi isch, goots no am beschte. Do chas usswärtigi Verwandti deby haa. Für öis isch aber nu wichtig gsy, mit em Pfaarer is Gschprööch z choo, und zwoor vor der Konkuränz. Für daas chamer ganz vorne häresitze und isch dänn znäächscht, wänn de Pfaarer vo der Chanzlen abe-chunt. Aber a gwüssen Oorte lauft de Pfaarer scho wääret em Schlusslied zur hindere Tüüren und säit nochhäär de Lüt deet adie. Also sett mer eener hine sitze. Miir sind doo aber nie verläge gsy. Mer händ is immer uuftäilt: Drüü vorne, zwäi hine. Nur äimool simer echli is Schwitze choo: Chuurz bevoors färtig yglüet hät, sitzed no e paar Manne in Bank vor öis. Die händ verdäächtig nach Konkuränz uusgsee. Waas mache? Bim Oorgelevoorschpyl simer muetig uufgschtande, zwee Bänk füremarschiert und deet wider abgsässe. Echli root Oore hämer welewääg scho überchoo deby.»

Di ganz Rundi hät glachet und em Walter Zit zum Trinke gää. «Also», säit er, «settig Erfaarige liged scho hinder öis, womer is Baselpiet sind. Vom Gwäärsmaa hämer gwüsst, das de Gottesdiensch in ere paritäätische Chile seig, also äini, wo vo bäide Komfässioone pruucht wird. Es hät mi drum nüd bsunders gschtöört, das im Choor en Altaar gschtanden isch und di ganz Chile nach Wyrauch gschmöckt hät. Au d Chnüübänk han i verschtäntli gfunde. D Oorgele fangt aa spile, de Sigerscht isch mit Zädel umegloffe und häts i d Bänk ie gää. «Credo» isch obe druff gschtanden und drunder e ganzi Litanei. Ich ha min Noochber verschrocken aaglueget, mer stönd uuf und stürchled zum Bank uus. Au d Kolleege hinen i der Chile märked sofort, was loos isch. Am verschtuunte Sigrischt verby haschted mer zur Tüüren uus, grad i däm Momänt, wo de Pfaarer mit zwee Minischtrante zur Sitetüür inechunt. Das isch ietz grad nomool guet gange. Wänn er öi voorschtelled, mir hettid dihäim müese säge, dää Pfaarer chöm nüd i Froog, er sei drum katolisch. Das wäär e Blamaasch gsy.

Aber ietz wie witer? De gsuechti Pfaarer mues doch i dem Doorf Predig haa, säb isch sicher. E zwäiti Chile isch aber nüd z gsee. Simer am Änd vergäbe do abe gfaare? Do gseen i unen i der Strooss en elteri Frau us eme Huus choo. Si träit es schwarzes Büechli i der Hand. Grad verschwindt si aber in e Sitegass. Daas hät is Bäi gmacht. Im Sturmschritt simer d Strooss duraab und händ die Frau ämel richtig mögen erlicke. Si hät aber prässiert, offebaar isch si scho chli spoot gsy. Anderi Chilegänger hämer nüd aatroffe. Wänn die nu nüd in e Versammlig goot, schnuufet äine. Du eebige Hägel, a daas han i nüd tänkt. Wäär wäiss, womer doo härechömed. Aber s isch öise letschti Hoffnigsschimmer, und a dää hebed mer is.

Mer landed in ere Turnhalle, wo scho es Harmoonium spilt und finded i der hinderschte Stuelräie no Platz. Vo strateegischem Uufmarsch cha natüürli käi Reed me sy. Wänn i nu wüssti, wie de Pfaarer da vorne ghäisst. Oder wänns wenigschtens es Gsangbuech het, zum Luege öbs vo der Landeschile sei. Der Ablauf vom Gottesdienscht und au d Predig händ mi ganz normaal tunkt. De Pfaarer macht e gueti Gattig. Nu s Harmoonium chönt eener zu de Medodischte passe. Jedefalls simer zum Schluss choo, mer wellid nüd mit em Pfaarer go rede. Wänns de faltsch wäär, chönts tumm usechoo. Ghöört hämer en jo, und daas isch schliessli d Hauptsach.

Soo simer häigfaare, ooni zwüsse, öb mer öisen Uuftraag erfüllt händ oder nüüd. Es Telifon is Baselpiet hät dänn aber ergää, das mer würkli de gsuechti Pfaarer ghöört händ. Wil er is sowit gfalle hät, isch am näächschte Sundig no e zwäiti Gruppe deet abe gräist. Die sind mit em Pfaarer in e guets Gschprööch choo. Si müend au en rächten Ydruck gmacht haa, jedefalls isch e käis Joor vergange, bis de Pfaarer Baachme sis Amt bin öis aaträtte hät.»

«Soo», säit de Wiirt, wo schon es Wyli ungeduldig zuegloset hät, «ietz isch aber Schluss. Das miecht si dänn schlächt, wänn d Chilepflääg überhocket.» Er hät yzoge und guet Nacht gsäit, und Punkt halbi äis sind au im Löie d Liechter uusgange.

So mänge

Wie mänge gits uf däre Wält,
hät Frau und Chind, es bitzli Gält,
dezue en Aarbet, won en fröit,
es Glück, fasch wie mit Hände gschtröit.

Und nimmts als sälbverschtäntli hy,
wie wänns nüd andersch chönti sy.
Jo, guenet eebig chrüz und quäär,
was für in no z erhasche wäär.

Vergunet rings um allnen alls,
es macht so d Gattig jedefalls.
Er isch nüd zfride mit der Frau,
und mit sich sälber glaubi au.

Mer chönnti fasch Verbaarme haa.
Doch gschyder isch, das some Maa
emoolen öper d Mäinig säit,
au wänn er si nüd guet verträit:

Was bisch du für en Cholderi,
en Chlööni und en Polderi,
en undankbaaren Egoischt.
S wäär Zit, das d äntli zfride bischt.

Mer hoffed nur, er gsächis y
und gnüüssis Läbe no echly.
Und tänksch, so äine chönns nüd gää,
muesch duu vilicht en Spiegel nää.

Läben us der Agändaa

D Stunde verplaanet,
Tääg scho vergää.
S Joor ytäilt,
wien immer.

Pass uuf, das der
s Läbe nüd stiirbt,
i dim Trott.

Käi Zit

Zit isch Gält, ich ha käi Zit.
Wär nüd springt, dä bringts nüd wit,
hät zwoor Zit, defüür käi Gält,
für waas isch so äin uf der Wält!

Vercheert statt lätz

Im Winter go bade,
im Summer uf d Schy.
Mit Rauche sich schade,
zum Fisch roote Wy.

Bim Guethaa versuure,
mit Schulde go prasse.
Der Juged nootruure
und s Läbe verpasse.

Verrigleti Tüüre,
sich nüüt me lo schänke.
Mit em Chopf welle gschpüüre.
Und s Häärz sell dänn tänke?

Für d Wält nüme hoffe.
Sis Schäärfli no rette.
S sind alli betroffe,
da chönnt i druuf wette.

Spuuren uf der Autobaan

Isch di lingg Spuur
voll wie di rächt Spuur,
bout mer di dritt Spuur.

S isch d Normaaltuur:
Blybsch normaal stuur
uf der Überholschpuur.

D Polizei uf Dienschttuur
misst e Brämsschpuur
näbet der Bluetschpuur.

Under der Stützmuur
deet bi der Chrüüchschpuur
schaffet en Gmüespuur.

Git öis daas z dänke?

Kä Spuur.

Wie lang no?

Isch Chrieg
in öisem Land?
All Taag wäärded Lüt umproocht,
Manne, Fraue, Chind.
Uschuldig und ooni Waarnig,
uf der Strooss.
Und mir lönds gschee.
Wie lang no?

S goot nüd eebig

Wie wänd mir ächt überläbe,
wämer alls bim alte lönd?
S schynt, mer waarni öis vergäbe,
will mer nümen andersch chönd.

Tüend nur um öis sälber chräisle,
wänd nüüt ghöören und nüüt gsee.
Händ de letscht Zwick a der Gäisle.
S müesti grad es Wunder gschee.

Sovil Aarte sind uusgschtoorbe,
d Mänschhäit cha di näächschti sy.
Hämer d Wält nu gnueg verdoorbe,
isch de ganzi Spuk verby.

D Äärde wird sich witer trääie,
sich erhole noodisnoo.
S wird kän Güggel nach öis chrääie.
Oder mäinsch, s göng eebig soo?

Inegheit

A der Tramhaltischtell Voltaschtrooss isch es Truck wien anere Chilbi. D Mäitli oder besser gsäit d Fröläin vo de Pruefschuelen obedraa prässiered uf de Zuug. Wien en Schwarm uufgschüüchti Wäschpi chömeds amig d Strooss duraab, bsunders wämer s Tram scho um de Rank gygse ghöört. Hüt sinds echli früener draa und gigeled und schnädered uf der chlynen Insle. Chuum äis loot am Automaat es Bileet use oder stämpflet s Abonnemaa. Vil mached sich en Sport druus, schwarz z faare. Mer töörf sich nu nüd verwütsche loo. Säb chääm dänn tüür.

Item, ietz chunt de Föifer obenabe. All lueged em eggäge und sind paraat für de Sturm uf d Sitzplätz. Tüüre gönd uuf - und uf äimool wirds still. Zwoo Fraue styged uus, aber nu zwoo oder drei Schüelerinne dränged ine. Si lached und winked use, wo di andere wien aagnaglet stooblybed. E paar mached en Schritt gäge s Trittbrätt, zucked aber zrugg, wie wänns öpis wüürdid schüüche. Es isch e gschpässigs Luege: S lääri Tram wäär doo, s wettid all mit und glych goot niemer dry.

Im letschte Momänt vor Tüüre wider zueschletzt springt no en Maa use: Tunkels Gwand, en styfe Huet und es chlyses Abzäichen im Chnopfloch: En Kontrollöör. Die Mäitli händ en welewääg scho bim Anefaare gsee. Er lauft langsam uf di ander Site vo de Schine, stygt in Sächser, wo grad gäge de Zoo uefaart und frööget d Lüt nach de Bileet.

Underdesse hät sich Traminsle gläärt. Di ganzi

68

Gschaar zottlet d Strooss duraab em Baanhoof zue. Hüt sinds schöön inegheit. Wänns gwüsst hettid, das de Trämler no uusschtygt! Hät ers ächt mit Flyss am Säil abegloo?

Aber ich bi sicher: Moorn probiereds es wider. Äifach zum Plausch, wies wüürdid säge.

Uufruume

Ich sett öpis finde,
no vo de Chinde,
in öisrer Winde
underem Tach.
S isch aber e Sach:
Doben uufruume
ghäisst s Bättle versuume.
Hett scho lang selle
das Züüg zämeschtelle.
Ha glaub ä welle
aber käi Zit ghaa.
Ietz bin i blööd draa.
Mues es verläse.
Nääm lieber en Bäse
und wüürds rüübis stüübis
in Eggen ie wüsche.

Wäär kännt daas nüüd?

Mängmool...

fröög i mi sälber
wie alt das i bin,
chöien am Bleischtift,
und s chunt mer nüüt z Sinn.

Hocken in Sässel,
han aber käi Rue,
gänggelen ume,
deby hett i z tue.

S cha mi nüüt gluschte.
Ietz säged mer bloos:
Worum bim Gugger
isch nüüt mit mer loos?

Es nimmt mi wunder

Ich gwundere, was i de Zitige stoot,
worum ächt de Zäiger nüd linggs ume goot.
Was duu ächt tänksch, wänn du bymer bisch
und wo mini Brülle härechoo isch.

Worums mich z Nacht im Bäi mängmool zwickt,
oder wie s Wäizechorn s wachsen erlickt.
Wohy de Noochber scho wider verräist,
oder worum öpis ghäisst, soo wies ghäisst.

Wunder nimmts mi, wie s Läben entschtoot
und sich Compjuterschprooch läse loot.
Worum ich daas oder dieses gäärn iss
und worum ich all Näme vergiss.

Vor waas mer sich gfüürcht hät i früenerer Zit.
Wos ächt di billigschte Nachthämper git.
Öb i mim Pfnüsel en tüüfere Sinn,
und au worum ich so gwunderig bin.

Fuulänze

Fuulänze,
ligge blybe,
nochli tröime.
Umegänggele,
echli plämperle,
sich verwyle.
Wie schöön!

Aber mer händs
andersch gleert:

Uf der fuule Hut ligge,
d Zit tootschloo,
em Herrgott de Taag abschtääle.

Ietz hämer e schlächts
Gwüsse, bim

Fuulänze,
ligge blybe,
nochli tröime.
Umegänggele,
echli plämperle,
sich verwyle.
Wie schaad!

Min eerschte Ruusch

Me sett jo nüd alles a di grooss Glogg hänke, bsunders nüüd, wämer en Ruusch ghaa hät. Aber ich verzelen ietz glych, wies zuegangen isch, won ich emool z tüüf is Glaas glueget han. Sälber miegt mi zwoor nüme draa bsine, aber es isch mer i spöötere Joore mängisch gnueg voorghebet woorde.

Die Gschicht hät sich no wääret em letschte Chrieg zueträit. De Vater isch vill im Dienscht gsy, und d Mueter hät müese luege, wie si mit Chind, Huus und Hoof färtig woorden isch. Zum Glück sind Grossvater und Grossmueter no rüschtig gsy und händ sich nomool lo yschpanne. Als chlyne Pfüderi bin ich vom Chrieg mit sim ganze Drum und Draa no nüd grooss berüert woorde. Ich bi für nüüt z bruuche gsy, weder für di andere z versuume. He joo, echli Beachtig hät doch jede nöötig.

Wie jedes Joor isch Ändi Novämber der Uschtemer Määrt abghalte woorde. Dää isch doozmool und zum Täil no hüt de Träffpunkt vom ganzen Oberland gsy. Vor allem d Puure händ de Veemäärt uufgsuecht und sich mit Hälslig, Wärchzüüg oder Holzerschue yteckt. D Chind sind underdesse uf d Rytschuel, wo ire Name no verdienet hät, oder de Maroni- und Magebrootschtänd noe. D Fraue suechet eender Gschiir oder Stoff für Übergwändli. Au de billig Jakob mit sine Hoseträäger hät sich niemer lo enggoo.

Bin öis hät gulte: Am Määrt wird de Häärd nüd aagfüüret. All, au Tienschte, sind mit eme Määrtbatze versee uf Uschter und händ sich deet amene

Brootwurschtschtand oder inere Wirtschaft verpflägt. Säbmool, won ich devoo verzelen, isch s Groosi dihäime plibe zum mich und s Brüederli gaume. Mitnää hät mi niemer welle, sovil i au gmüedet und bättlet haa. «Chöndsch no verloore goo under so vil Lüüt», mäint d Mueter und vertrööschtet mi ufs Magebroot, wo si mer well chroome. Das hät si dänn au gmacht. Aber ich wäär halt schüüli gäärn all die Härrlichkäite go gschaue, wo di Groosse devoo verzellt händ. Und wo de Grossvater säit, er heb im Sinn moorndrigs no en Dienschtkoleeg z träffe, han em flattiert bis er verschproche hät, er näm mi mit. D Mueter isch nüd begäischteret gsy. Aber will er in Schwyzerhoof wott, wo sin Schwooger gwirtet hät, loot si mi goo.

Abe simer gloffe, für de Häiwääg isch de Noochber mit em Fuerwärch voorgsee gsy. Uf em Wääg isch is gwüss nüd langwylig woorde. E sonen chline Fröögli git sich nüd so schnäll zfride. De Grossvater isch mit mer sogaar nochli dur de Määrt gloffe: D Baanhoofschtrooss duraab und d Poschtschtrooss duruuf. Was doo alles fäil gsy isch. Ich bi nüd zum Stuunen uuschoo. Und die vile Lüt, fasch zum Füürche. De witi Wääg hät mi allwääg au rächt müed gmacht. Drum bin i gäärn mit em Grossvater in Schwyzerhoof ie, won is de Vetter früntli begrüesst hät. Vil Zit hät er sich nüd chöne nää, begryfli, ame Määrt isch i der Wirtschaft Hoochbetryb.

Amen Eggtisch isch de Grossvater vo sine Kameraade erwaartet und wilkomm ghäisse woorde. Es isch scho zimli hööch zue und häär gange. Miich händs is

Eggli gsetzt. D Serviertochter stellt es Glaas vor mi häre und schänkt zringelum y. «Bring no e Fläsche vo däm fäine Suuser», befilt äine, und ietz wird aagschtoosse. Ich han echli probiert vo däm tunkelroote Saft: Mmm – ganz süess und im Hals häts luschtig krüselet. Mis Glaas isch notmänd uustrunke gsy. Aber wien im Schlaraffeland hät di ganzi Tischrundi immer wider volli Gleser vor sich ghaa und iich demit. Die Manne händ gschprööchlet und glachet, sind mängmool in Yfer choo und händ wider aagschtoosse. D Serviertochter läit es Bygeli Pierteckel vor mi häre zum Gfätterle. Susch hät niemer grooss uf mich acht gää. Ich ha mi scho chöne verwyle und immer echli vo däm fäine Suuser süggele. D Zit isch mer ämel im Schwick vergange.

Noodisnoo isch aber e truurigi Müedi über mi choo. De Chopf sinkt mer uf d Äärmli abe. Wos as Häigoo gangen isch und ich abem Stuel aberütsche, trület si alles zringelum und ich bi zämegsunke wien es Hüüfeli Eeländ. Es fäält welewääg nüd vil und ich müest de Chrääie rüefe. De Grossvater hät mi verschrocken uufglääse. Au de Vetter isch si cho erkundige was mer fääli. Aber die Manne händ nu glachet: «Z vil Suuser hät er trunke, das besseret dänn wider.» «Tuen en ietz nu häi, da chann er de Ruusch uusschlaafe.» «Moll, dää fangt mäini au früe aa.» «Daas hät er allwääg vom Grossvater.» Mit settige Sprüch simer verabschidet woorde.

De Grossvater heb mi müese trääge, und wie guet, das es Fuerwärch uf is waartet. Wien ich häi choo bii, han i nüme gmärkt. D Mueter heb käi Fröid ghaa, und

de Grossvater hät öpis müese ghööre. Öpis vo «Man-
nevolch, wo käin Verschtand hät» und «alten Esle»
seig au deby gsy.

So bin i ganz uschuldig zu mim eerschte Ruusch
choo. Es isch bis hüt au de letscht plibe.

Was ghäisst ä daas?

Breschte	Beschwerden, Krankheiten
gschwäige	trösten, zum Schweigen bringen
de Chrääie rüefe	erbrechen
figelant	gewandt, elegant
gaume	beaufsichtigen, Kinder hüten
Gfell	Glück
ghebig	geizig
Glüese	Funken
höische	betteln
huure	kauern
im Schwick	im Nu, schnell
Jute	Flächenmass von 36 Aaren
noodisnoo	nach und nach
notmänd	sofort
Nückerli	kurzer Schlaf
Pirg	Gebirge, Bezeichnung für das Tössbergland
Prelaaggi	Aufschneider
schwaane	vermuten, etwas merken
Tienschte	Angestellte
toochtig	dumm
Traguuner	Kavallerist
vertschnäpfe	verraten

Wien ich schrybe

Di mäischte Wöörter sind esoo gschribe, wie mers säit. En äinzelne Sälbschtluut isch immer chuurz; wänns lang töönt wird er toplet gschribe.

D Schäärfig vo de Mitluut zäiget i der Mundaart all Schattierige vo schwach bis starch. Isch d Woortform di glych wien i der Schriftschprooch, schryb ich drum d Schäärfigen au dänn, wänns nüd prezys starch töönt. St und sp wäärded am Aafang vo Wöörter gschriben und gläse wie mers gwönt sind. Im Woort ine sinds uusgschribe.

D Sälbschtluut chamer nüd immer esoo schrybe wie mers säit. Aber e paar Underschäidige sind mügli:

e   zäiget e gschlosses e (Weg, See) oder es unbetoonts (Vorsilbe ver-)

ä   bedüütet es offes e (Käse, gerne) oder es überoffes e, wos im Hoochtütsche nüd git

y   schryb ich für es langs, gschlosses i (Sieb, Liebe)

äi   entschpricht em Hoochtütschen ei und ai (Bein, Rain)

ei   wird immer als e-i gsäit

ie   töönt i-e und isch käi Verlängerig vom i

Womer offni oder gschlossni ö und ü säit, isch nüd aaggää. Losed äifach im Oberland umenand, wies töönt. Es chann au voorchoo, das es Woort bi verschidener Betoonig verschide gschriben isch.

Zum Binde wird em vorhäärige Woort es -n aaghänkt (chöne hälfe, chönen aafange). Vill Wöörter wäärded au zämezoge (wird er = wirter, hät mer = häpmer).